DÉLIRONS
AVEC Léon !

DES TRUCS VRAIMENT INCROYABLES

NUMÉRO 12

PAR

ANNIE GROOVIE

Merci à
Margaux Couture-Lacasse
d'avoir participé à
nos exercices !

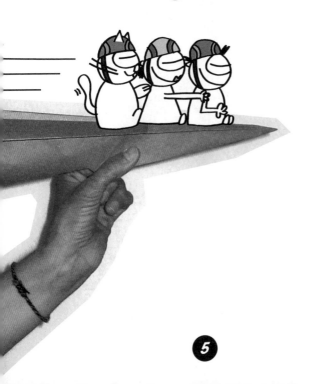

EN VEDETTE :

LÉON › NOTRE SUPER HÉROS

Le surdoué de la gaffe,
toujours aussi nono et aventurier.

LOLA ›

**La séduisante au grand cœur.
Son charme fou la rend irrésistible.**

LE CHAT ›

**Fidèle ami félin plein d'esprit.
On ne peut rien lui cacher.**

SALUT À VOUS, JEUNES LECTEURS !

Je dis « jeunes » lecteurs, mais en fait ces livres pourraient aussi bien être lus par des « vieux ». Sans doute des « vieux-jeunes », c'est-à-dire des vieux qui ont gardé leur cœur d'enfant et le goût de s'amuser follement. Je dis ça parce que moi, j'en suis une. Eh oui, même si je ne suis pas si âgée que ça pour certains, j'aurai bientôt... 38 ans !!! Aïe aïe aïe ! Heureusement, on m'en donne encore parfois 25 ! Fiou !

Il faut dire que j'attache toujours mes cheveux en lulus, que les murs de ma chambre sont **multicolores** et que je passe mes journées à RÉDIGER des farces, à dessiner des petits bonshommes, à écrire des livres pour enfants. Sans oublier que je roule dans un bolide plutôt spécial : la GROOVIE MOBILE. Un peu étrange, peut-être, mais ça me plaît bien, à moi.

Quand on est jeune, on rêve d'avoir l'air plus vieux, et quand on vieillit, c'est le contraire ! J'espère donc que ces livres sauront faire battre encore longtemps vos cœurs d'enfants et que, peu importe votre âge, vous y trouverez toujours quelques trucs pour vous faire franchement **rigoler**.

Bon délire !

AnnieGroovie

Table des matières

LA *PENSÉE* DU JOUR

TOUTE UNE SPÉCIALITÉ !

QUEL EXPLOIT...

PAUSE PUB

SAPUPA souliers anti-oDeurs par excellence!

VenDus avec 10 pinces à nez pour tous vos amis!

Soyez convaincants !

Vous arrive-t-il d'être à court d'arguments quand vous voulez convaincre des adultes de quelque chose? Si oui, lisez ce qui suit, ça vous donnera peut-être de bonnes idées pour la prochaine fois!

Situation n° 1 : vous tachez avec du gazon le bel habit neuf que vous devez porter au mariage de votre cousin, qui a lieu l'après-midi même.

Expliquez à vos parents que ce n'est pas tellement grave, d'abord parce que le style écolo est très tendance en ce moment et que tout le monde vous trouvera à la mode, et ensuite parce que votre habit fera un excellent camouflage si vous vous perdez en forêt. On ne sait jamais ce qui peut arriver à un mariage!

Situation n° 2 : vous renversez un verre de jus sur le clavier de l'ordinateur de vos parents.

Dites-leur que c'est une nouvelle méthode pour apprendre à taper, un peu comme la peinture par numéros. Vous pouvez aussi leur expliquer qu'un clavier collant aide ceux qui s'en servent à se stabiliser les mains en écrivant. Enfin, si le clavier ne fonctionne plus, affirmez-leur que c'est parfait, que vous allez tous devenir des pros dans le maniement de la souris...

Situation n° 3 : vous allez souper chez un ami, mais... le repas ne vous convient pas du tout : il vous semble infect !

Dites que d'ordinaire, vous adorez ce plat, mais que vous souffrez d'un mal de ventre soudain — si la nourriture vous déplaît à ce point, vous n'aurez pas de mal à être convaincant. Vous pouvez aussi regarder partout autour de vous en faisant semblant de chercher la caméra cachée, puis dire que c'est impossible qu'on veuille vous faire manger ça, que ça doit être une farce! Si vous optez pour cette excuse, cependant, votre ami ne vous invitera probablement plus jamais à prendre un repas chez lui...

La réflexion
de Léon

MON OEIL !

Histoires insolites

SERPENT TIMBRÉ !

Un python royal d'une longueur de 90 cm a causé tout un émoi lorsqu'il a été découvert dans un bureau de poste de la ville de Bondues, dans le nord de la France. On croit qu'il s'était probablement échappé d'un colis. Comme quoi les facteurs ne doivent pas se méfier que des chiens !

Au bout de quelques heures, le reptile, dont la morsure n'est pas venimeuse, a été capturé par des pompiers. Transporté au zoo de Lille, il a été examiné par un vétérinaire, qui l'a déclaré en bonne santé, avant d'être placé avec ses congénères.

suite >>>>>>

Le python royal est un animal peu agressif qui vit normalement dans les savanes d'Afrique occidentale. Il n'a donc pas eu de mal à supporter la chaleur pendant son voyage...

Source : Lille, AFP

UN PEU EN AVANCE...

Un homme invité à un mariage a eu toute une surprise en découvrant, après avoir traversé l'Atlantique pour l'occasion, qu'il s'était trompé non seulement de date... mais aussi d'année !

Il était parti de Toronto pour aller assister à la réception. Après avoir longuement cherché son ami, il a dû se rendre à l'évidence : il avait mal compris le courriel qu'on lui avait envoyé.

Bien qu'il ait dépensé plus de 1000 $ pour ce voyage inutile, ce monsieur se console en disant que le futur marié lui a promis de le mentionner dans son discours, au moment où la noce aura enfin lieu. Il n'aura pas tout perdu !

Source : Londres, Reuters

JUDOKA, CEINTURE NOIRE... À 77 ANS

Jacques, un homme de 77 ans, vient d'obtenir sa
ceinture noire de judo. « Il lui en a fallu, du temps ! »
pensez-vous. Eh bien non, puisqu'il a commencé à
pratiquer cet art martial il y a seulement quatre ans,
à l'âge de 73 ans.

Après sa retraite, il a eu recours à toutes sortes de
moyens pour rester en forme : il a joué au tennis, fait
de la musculation, du jogging... Puis, sa curiosité l'a
entraîné dans un dojo, un jour où on y tenait des portes
ouvertes, et il a décidé de s'inscrire, pour le plaisir.
Depuis, il est devenu un combattant redoutable !
Même les plus jeunes ne lui résistent pas plus de
quelques secondes, en raison sa grande maîtrise
de la technique.

Maintenant qu'il a son premier dan, il se prépare
activement à obtenir le suivant, d'ici un ou deux ans.
Il aura alors 79 ans !

Conclusion : on n'est vieux que lorsqu'on décide de l'être !

Source : Le Grand-Quevilly, AP

Elle est bonne !

Léon joue du violon depuis une demi-heure, en compagnie du Chat.
« Alors, tu aimes la belle musique, le Chat ?
– Oui, mais ce n'est pas grave, tu peux continuer à jouer quand même... »

Léon se prélasse au soleil quand Lola arrive et lui dit :
« Léon, il fait tellement chaud, je n'en peux plus !
– Regarde un film d'horreur.
– Pourquoi ?
– Ça va te donner des frissons. »

Lola regarde les chaussettes de Léon.
« Dis donc, tes chaussettes ne sont pas de la même couleur !
– Tiens, c'est vrai. Le plus étrange, c'est que j'en ai une autre paire pareille à la maison... »

Le Chat, qui rentre chez lui après avoir joué près d'un lac gelé, rencontre Lola.
« Qu'est-ce que Léon fait en ce moment ?
lui demande-t-elle.
– Eh bien, si la glace est aussi épaisse qu'il le dit, il patine, mais si elle est aussi mince que je le pense, il fait de la natation... »

29

Léon est en train d'écrire sur le mur de sa maison.
Lola arrive et lui demande :
« Qu'est-ce que tu fais là ?
– J'écris des noms.
– Mais tu salis ton mur !
– Mais non, je n'écris que des noms propres... »

Lola et Léon marchent dans la rue. Soudain, Léon s'arrête.
« Qu'est-ce que tu fais ? Nous sommes presque arrivés, dit Lola.
– Il faut faire un détour.
– Pourquoi ?
– Tu vois bien que la rue est à sens unique ! »

Léon et le Chat sont pris dans un bouchon de circulation.
« Ce n'est pas grave, j'ai apporté de l'ail au cas où, dit Léon.
– De l'ail ?
– Oui, il paraît que c'est excellent pour la circulation ! »

Léon discute avec le Chat. Il lui dit :
« En tout cas, ces temps-ci, je fais ma part pour
l'environnement.
– Ah, oui ? Que fais-tu, au juste ?
– Je dors plus longtemps le matin.
– Qu'est-ce que ça a à voir avec l'environnement ?
– Eh bien, en dormant plus, je récupère beaucoup ! »

DOÙCÉQUECÉQUEÇAVIENT ?

POUR CONNAÎTRE L'ORIGINE DES CHOSES...
SELON LÉON ET SELON LES EXPERTS !

Euh...
S'cusez, monsieur...

LES MANGAS

QUI DIT VRAI ?

A. AU DÉBUT DU XXᵉ SIÈCLE, DES JAPONAIS ONT ENVIE DE CRÉER DE NOUVELLES BD. ILS SE RENDENT DONC AUX ÉTATS-UNIS ET AU CANADA POUR FAIRE DES RECHERCHES. EN ÉCOUTANT PARLER LES ANGLOPHONES, ILS SONT AMUSÉS PAR L'EXPRESSION « WOW MAN ! », ALORS QUE LES HOMMES FRANCOPHONES QU'ILS RENCONTRENT DISENT TOUT LE TEMPS : « REGARDEZ, LES GARS ! » SANS TROP COMPRENDRE CE QUE ÇA VEUT DIRE, ILS RETIENNENT LES MOTS « MAN » ET « GARS ». DE RETOUR CHEZ EUX, ILS CHERCHENT POUR LEURS NOUVEAUX PERSONNAGES UN NOM ALLÉCHANT QUI COMBINERAIT DES SONORITÉS ASIATIQUES, AMÉRICAINES ET QUÉBÉCOISES. ILS DÉCIDENT ALORS DE METTRE ENSEMBLE LES MOTS QU'ILS AVAIENT NOTÉS ET ILS OBTIENNENT LE TERME « MANGA ». LEUR ENTREPRISE A RÉUSSI, PUISQUE CE GENRE CONNAÎT AUJOURD'HUI UN SUCCÈS INTERNATIONAL !

B. LES MANGAS SONT NÉS AU JAPON IL Y A TRÈS LONGTEMPS, PUIS, DURANT LA DEUXIÈME GUERRE MONDIALE, ONT ÉTÉ INFLUENCÉS PAR LES COMIC STRIPS AMÉRICAINS. ILS SE LISENT DANS LE SENS INVERSE DES LIVRES PUBLIÉS HABITUELLEMENT EN OCCIDENT, C'EST-À-DIRE DE LA DERNIÈRE PAGE À LA PREMIÈRE — C'EST LA MANIÈRE HABITUELLE DE FAIRE AU JAPON ! TEZUKA OSAMU A LANCÉ LE PHÉNOMÈNE, ET D'AUTRES DESSINATEURS ONT SUIVI SON EXEMPLE POUR DONNER NAISSANCE À DES PERSONNAGES COMME ASTRO BOY, DRAGON BALL, AKIRA ET PIKACHU. AUJOURD'HUI, ON PRÉTEND QU'UN JAPONAIS MOYEN PEUT LIRE UN MANGA DE 32 PAGES EN 2 MINUTES, C'EST-À-DIRE QU'IL NE CONSACRE QUE 15 SECONDES À CHAQUE PAGE !

SOURCE : WIKIPÉDIA ET LEJAPON.ORG

LE PÂTÉ CHINOIS

QUI DIT VRAI ?

A. IL SEMBLE QUE CETTE RECETTE LÉGENDAIRE AIT ÉTÉ INVENTÉE PAR DES CHINOIS, MAIS QU'ELLE NE SOIT PAS ORIGINAIRE DE LA CHINE. DONC, IL FAUDRAIT PEUT-ÊTRE LA REBAPTISER « PÂTÉ DE CHINOIS »... CE SERAIT DURANT LA CONSTRUCTION DU CHEMIN DE FER QUI TRAVERSE LE CANADA D'EST EN OUEST QUE CE CÉLÈBRE PLAT AURAIT ÉTÉ PRÉPARÉ POUR LA PREMIÈRE FOIS. PLUSIEURS ASIATIQUES AVAIENT ÉTÉ EMBAUCHÉS POUR TRAVAILLER À CE GIGANTESQUE CHANTIER. COMME ILS ACCOMPLISSAIENT UNE BESOGNE ÉPUISANTE, ILS DEVAIENT MANGER DES ALIMENTS SOUTENANTS. OR, À L'ÉPOQUE, LES POMMES DE TERRE, LE MAÏS ET LE BŒUF NE COÛTAIENT PAS CHER, ILS ÉTAIENT NOURRISSANTS ET ON POUVAIT SE LES PROCURER FACILEMENT. EN LES MÉLANGEANT, ON A OBTENU... DU PÂTÉ CHINOIS. STEAK, BLÉ D'INDE, PATATES !

B. VOUS L'IGNORIEZ PEUT-ÊTRE, MAIS ON FÊTERA EN 2008 LE CENTENAIRE DU PÂTÉ CHINOIS ! EN 1908, POUR LA PREMIÈRE FOIS, UN ASIATIQUE ACHÈTE UNE TERRE AGRICOLE AU QUÉBEC. IL S'APPELLE PÂTÎ-ÊHHÉ. UN HIVER, CET HOMME, COMME PLUSIEURS AUTRES CULTIVATEURS, TRAVERSE DES MOMENTS MARQUÉS PAR LA MALADIE ET LA FAMINE. IL NE LUI RESTE, POUR NOURRIR LES SIENS, QUE DU BŒUF SALÉ, DES POMMES DE TERRE ET DU MAÏS. UN SOIR, IL MÉLANGE TOUS CES ALIMENTS ENSEMBLE ET LES RÉCHAUFFE POUR SERVIR UN REPAS À SA FAMILLE. SA FEMME ET SES ENFANTS SONT EMBALLÉS PAR LE GOÛT DÉLICIEUX DE CE PLAT ET SORTENT DE TABLE REPUS. RAPIDEMENT, LA RECETTE EST ADOPTÉE PAR LES GENS DE LA RÉGION, QUI LA DÉSIGNENT SOUS LE NOM DE « SOUPER DE PÂTÎ-ÊHHÉ LE CHINOIS ». AVEC LE TEMPS, LE NOM S'EST DÉFORMÉ, ET ON PARLE DORÉNAVANT DE PÂTÉ CHINOIS !

SOURCE : WIKIPÉDIA

Énigmes visuelles

1. *Un*

___ ___ ___ ___ ___

___ ' ___ ___ ___

2. *Du*

___ ___ ___ ___ ___

3. *De*

*l'*___ ___ ___ ___ ___ ___ ___

Réponses à la page 84

4. Une

_____

5.

Un peu de

_____

6.

Un

_____

7. **AN**

L'

_____

AH, LE PRINTEMPS !

QUE FAIRE
DE VOS 10 DOIGTS
À PART NOURRIR
LES ÉCUREUILS...

AMUSEZ-VOUS AVEC VOS MAINS GRÂCE À CES JEUX SUPER COOL !

A

LE DOIGT INANIMÉ

Commencez en joignant la paume d'une de vos mains à celle d'une autre personne.

Puis, à l'aide de votre main libre et en fermant les yeux, touchez n'importe quelle paire de doigts formée par vos deux mains, en imaginant qu'il n'y en a qu'un seul et qu'il s'agit du vôtre. Vous aurez alors l'impression d'avoir un doigt à moitié vivant ! Vous verrez, la sensation est très bizarre...

B

LE DOIGT IMPOSSIBLE À SOULEVER

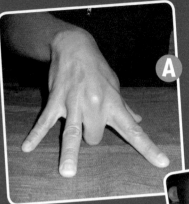

Vous devez d'abord placer vos doigts de façon à ce qu'ils soient tous bien à plat. Pliez ensuite votre majeur, qui doit rester en contact avec la surface.

A

B

Puis, commencez le jeu en essayant de soulever votre pouce. Facile !

C

Votre petit doigt ? Pas de problème !

D

Votre index ? Y a rien là !

E

Essayez maintenant de soulever votre annulaire...
(le doigt entre l'auriculaire et le majeur)
Ah ! Ah ! C'est impossible !

TEST PERSO

Vous connaissez-vous vraiment ?

C'est ce qu'on va voir !

NOM :   **ÂGE :**

1. Quel est votre nom au complet, celui qui apparaît sur votre certificat de naissance ?

2. Quelle est l'heure exacte de votre naissance ?

     H :   **Min :**

3. Quel est votre groupe sanguin ?

(A +), (O +), (B +), (A –), (O –), (AB +), (B –), (AB –)

4. De quelle origine était la toute première personne à porter votre nom de famille ?

5. Combien mesurez-vous ?

     CM :   **Pi :**   **PO :**

6. Combien pesez-vous ?

     KG :   **Lb :**

Vrai ou faux ?

1. Il y a des muscles dans la langue.

   VRAI   FAUX

2. Les chats ne savent pas nager.

   VRAI   FAUX

3. Toutes les coccinelles sont rouges, avec des points noirs.

   VRAI   FAUX

4. Le kiwi est à la fois un fruit et un oiseau.

   VRAI   FAUX

5. Un arbre prend en moyenne de 30 à 50 ans pour atteindre sa pleine maturité.

VRAI   FAUX

6. Les trottoirs sont réservés à la circulation des piétons.

VRAI   FAUX

7. Le brocoli pousse dans les arbres.

VRAI   FAUX

8. On peut perdre jusqu'à 50 % de la chaleur totale de notre corps par la tête.

VRAI   FAUX

Réponses à la page 84

TEST : CONNAISSEZ-VOUS LE MONDE VÉGÉTAL ?

1. Lequel de ces arbres est un conifère ?

a) Le bouleau
c) L'érable
b) Le pin
d) Le chêne

2. Qu'est-ce que l'apiculture ?

a) La culture de l'acier
c) La culture des pies
b) L'élevage des abeilles
d) La culture des gens heureux, en anglais : *Happy culture*

3. Comme nous, les arbres doivent se nourrir pour vivre. Comment s'appelle le processus qui leur permet de le faire ?

a) La photosynthèse
c) La photographie
b) La photofloue
d) Le photomaton

4. À quelle époque de l'année peut-on cueillir des pommes au Québec ?

a) À l'automne
c) Au printemps
b) En hiver
d) En été

5. Trouvez l'intrus.

a) La rose
c) La marguerite
b) Le sapin
d) Le pissenlit

6. Combien d'années faut-il à un arbre pour atteindre sa pleine maturité ?

a) Environ 5 ans
c) Entre 30 et 50 ans
b) Environ 10 ans
d) Plus de 300 ans

7. Quelle fleur voit-on sur le drapeau du Québec?

a) L'érable
c) La rose
b) Le lys
d) Le sapin

8. Quelle plante vit dans le désert?

a) L'abribus
c) Le cactus
b) L'algue
d) La fougère

9. Comment appelle-t-on un lieu où l'on cultive des fruits et des légumes?

a) Un potager
c) Un jardin botanique
b) Un parc
d) Une pépinière

10. Comment se nomme la mousse qui pousse sur les rochers, en forêt?

a) Le lichen
c) Le chili
b) Le licra
d) Le chichi

Réponses à la page 84

RÉSULTATS DU TEST

Entre 8 et 10 bonnes réponses:
Génial! Vous êtes assurément capables de vous occuper d'une plante. Si je pars en voyage, je pourrais vous confier les miennes?

Entre 4 et 7 bonnes réponses:
Au moins, vous savez que les plantes ont besoin d'eau pour survivre... C'est déjà ça!

Moins de 3 bonnes réponses:
Ouille... Une bonne promenade en forêt vous ferait sûrement du bien. Vous savez c'est quoi, une forêt, non?

QUELQUES ÉTIREMENTS
AFIN DE BIEN COMMENCER L'ÉTÉ

Pour vous qui étiez assis toute l'année...
Ça y est! Finis le réveille-matin et le mal de fesses dû
aux chaises dures de l'école! Vous êtes libres pour l'été!
Cependant, saviez-vous que, si vous faites quelques
étirements chaque jour, en plus d'augmenter votre
souplesse, vous pourrez passer de meilleures vacances?

Ça vous délassera; vous serez donc plus en forme
que tous vos copains au parc.
Ça améliorera votre concentration, si bien que vous pourrez
jouer de meilleurs tours à vos amis.
Enfin, ça vous détendra et ça renforcera vos muscles...
sans vous ennuyer!

A- B- LE CHAT QUI FAIT LE GROS DOS ET QUI S'ÉTIRE

A- Le chat qui fait le gros dos
Placez-vous à quatre pattes. Inspirez, puis levez le menton et creusez lentement le dos. Ensuite, expirez doucement et arrondissez le dos. Enfin, rentrez le ventre et rapprochez le menton de la poitrine. Faites cet exercice quatre ou cinq fois de suite, et votre dos sera comme neuf!

B- LE CHAT QUI S'ÉTIRE

Essayez cette position après avoir fini l'exercice du gros dos.

Les fesses sur les talons, les bras étendus devant vous et les mains bien à plat sur le sol, prenez 10 bonnes respirations.

C- LE CANARD

Placez-vous en petit bonhomme, les pieds et les genoux écartés, les mains derrière le dos. Déplacez-vous comme ça dans la pièce le plus longtemps possible. Toutes les directions sont permises !

D- LA LIANE

Attention, pour faire cet exercice, il faut de la concentration et de l'équilibre !

Commencez en joignant les pieds, les paumes des mains collées l'une contre l'autre comme si vous faisiez une prière. Ensuite, placez la cuisse droite sur la gauche, et le pied droit derrière le mollet gauche.

Enfin, croisez le bras gauche sous le droit et collez la paume de la main gauche sur celle de la main droite.

Voilà, ne bougez plus ! Essayez de conserver l'équilibre tout en prenant de profondes respirations.

Après quelques minutes, recommencez l'exercice, mais en inversant les croisements de bras, de jambes et de mains.

E - LE PONT

Couchez-vous sur le dos, les genoux pliés et les bras le long du corps, sur le sol. Inspirez tout en soulevant les fesses pour pousser le ventre vers le haut. Si vous en êtes capables, levez une jambe vers le plafond en expirant, puis reposez doucement le pied au sol en inspirant. Revenez à la position initiale en expirant.

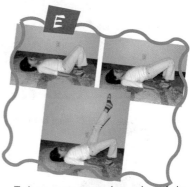

Faites cet exercice cinq fois avec chaque jambe.

F - LE SCAPHANDRIER

C'est simple : imaginez que vous êtes un scaphandrier et que vous vous promenez au fond de l'eau. Déplacez-vous le plus lentement possible.

G - LE MARCHAND ORIENTAL

Accroupissez-vous et mettez les bras autour des genoux. Vous devez avoir le cou fléchi, mais détendu. Prenez 15 respirations profondes et lentes.

***Vous êtes maintenant prêts à affronter vos vacances !
Bon été !***

Source : *Stretching et yoga pour les enfants,* Jacques Choque,
Éditions @mphora sports, Paris, 2005, 191 p.

Le Métier Super Cool

L'équipe derrière Annie Groovie

Après avoir connu un franc succès avec les livres de la collection Rigolons avec Léon, j'ai eu envie d'un nouveau défi… Pourquoi ne pas créer une autre série mettant Léon en vedette, mais pour les plus grands? Pour ce faire, je devais adapter le format, le ton et le contenu afin de plaire davantage à un groupe d'âge un peu plus vieux (les 9 à 12 ans), tout en gardant l'humour absurde des albums de Léon et ses amis. C'est ainsi qu'est née l'idée de cette nouvelle collection : Délirons avec Léon !

Avant de commencer quoi que ce soit, je devais obtenir l'approbation d'**Hélène**, la directrice littéraire de La courte échelle (mon éditeur). C'est à elle que je présente tous mes nouveaux projets. Si elle ne les aime pas, elle peut décider de ne pas les publier. Heureusement, mon travail lui plaît bien, et elle accepte générale-ment toutes mes idées, même les plus farfelues !

Lorsque je lui ai présenté le projet, elle l'a trouvé super cool. Tellement cool que ce n'est pas un livre qu'elle m'a demandé, mais bien quatre ! Plus une seule minute à perdre. Les premiers mois ont été très productifs : je passais mes journées, mes soirées et mes fins de semaine à créer, dessiner, écrire, composer, inventer, mettre en pages, retoucher, photographier, etc. Tout mon temps était consacré à Léon ! Quatre mois plus tard, j'étais épuisée (tellement que j'aurais pu dormir pendant une semaine sans me réveiller !) mais très fière d'avoir réussi à tout terminer à temps. Mon éditrice m'a alors dit : « Super ! Il faut maintenant créer les quatre prochains, nous avons l'intention d'en sortir 10 par année !» J'ai failli tomber dans les pommes… « QUOI ? QUATRE AUTRES, MAIS VOUS ÊTES FOUS ! J'EN PEUX PLUS, MOI, JE SUIS TROOOOOOP FATIGUÉE ! »

C'était une excellente nouvelle mais, en même temps, je n'avais pas l'énergie nécessaire pour me plonger immédiatement dans les prochains livres. J'avais besoin de me reposer et de prendre un peu de temps pour moi. Hélène m'a alors dit : « Ne t'inquiète pas ! Nous allons trouver des gens pour t'aider, tu ne feras pas ça toute seule. » Fiou ! Soulagée, j'ai donc recommencé tranquillement à me plonger dans la création.

Entre-temps, j'ai reçu des nouvelles d'une ancienne collègue de bureau, Amélie, qui m'a invitée à déjeuner. Comme j'avais besoin de changer d'air, j'ai accepté avec plaisir. Amélie m'a alors raconté qu'elle était à la recherche de boulot. Une idée de génie m'a traversé l'esprit : Amélie, c'était la personne idéale pour m'aider ! Je lui ai proposé sur-le-champ de collaborer avec moi et, heureusement, ce projet l'a emballée. Dès le lendemain, elle faisait partie de l'équipe Annie Groovie et élaborait le prochain calendrier…

Amélie est une fille très débrouillarde et organisée. Au début, elle s'est chargée de tout gérer : elle a commencé par concevoir des horaires précis, avec les dates de remise, tout en m'aidant dans la recherche de chroniques et la rédaction de textes. C'est également elle qui s'est occupée de faire les entrevues pour les Métiers Super Cool. Ça m'a donné un bon coup de main, mais ce n'était pas suffisant. Il fallait donc trouver une autre personne…

Amélie, qui est super branchée, a tout de suite pensé à Philippe, un ami à elle. Elle savait qu'il écrivait très bien et, surtout, elle était certaine qu'il avait un sens de l'humour idéal pour travailler aux Délirons avec Léon ! C'était la personne parfaite pour le poste. Le lendemain matin, Amélie a organisé un déjeuner, où nous avons rencontré Philippe. Je l'ai tout de suite aimé, et il fait désormais partie de l'équipe !

Philippe, un sympathique jeune homme qui a toujours plein de bonnes idées, est aussi un spécialiste de la rédaction. Il a donc collaboré, depuis son arrivée dans l'équipe, à l'écriture des farces, des devinettes, des tours à jouer, des excuses pratiques, des questions pour les tests de connaissance, etc.

Bon. Les choses commençaient à bien avancer. Enfin, j'ai pu respirer un peu. Cependant, n'allez pas croire que j'ai tout lâché : au contraire, j'ai continué à travailler aussi fort, mais disons que mes nuits de sommeil se sont un peu allongées…

L'étape de création et d'écriture s'est terminée, mais ce n'était pas tout ! Qui allait mettre tout ça en pages ? Comme je commençais à bien aimer le travail d'équipe, j'ai pensé à Nathalie, une super infographiste avec qui j'avais déjà collaboré. Décidément, c'est elle qu'il nous fallait ! Elle est perfectionniste, toujours à son affaire, talentueuse et très efficace : je l'ai appelée tout de suite !

Comme je suis chanceuse, **Nathalie** a accepté de se joindre à l'équipe. Youpi ! Avec elle, je sais que tout sera toujours bien fait, je n'ai pas de soucis à me faire. Quel soulagement ! Amélie lui envoie donc tout le matériel à mettre en pages, c'est-à-dire les textes, les dessins, les photos et les jeux. Une fois que le contenu est bien disposé dans les 88 pages, Nathalie nous remet les épreuves. Les épreuves, ce sont toutes les pages du livre, sans reliure, avec les illustrations et les textes. Vous pensez que la chaîne se termine ici ? Eh bien non !

Une fois que le livre est mis en pages, il faut le faire relire par des correcteurs afin de s'assurer qu'il n'y a pas de fautes d'orthographe, de structure ou de formulation. J'ai donc fait appel à des pros de la correction : **Valérie et André** !

À deux, André et Valérie font une première lecture en profondeur, chacun de leur côté, en apportant des corrections. Ensuite, ils renvoient les épreuves à Nathalie, l'infographiste, pour qu'elle puisse effectuer les corrections demandées. En tant que maman de Léon, je dois également approuver toutes les modifications. Après tout, c'est un peu moi qui ai le dernier mot…

Un an de travail et 12 livres plus tard, l'équipe Annie Groovie est bien garnie et fonctionne rondement. Tellement qu'Amélie a décidé de délaisser un peu l'écriture et la recherche pour se consacrer à la supervision du projet ; elle s'assure de la rigueur et de la pertinence du contenu des livres. Ainsi, elle peut avoir un regard plus extérieur et plus juste sur les textes des Délirons avec Léon ! Elle est donc devenue ce que je me plais à appeler « mon bras droit ». Quand elle a pris cette décision, Amélie ne nous a pas laissé tomber ; au contraire, elle nous a présenté une nouvelle collaboratrice qui effectue désormais une partie de ses anciennes tâches, une fille géniale, Joëlle.

Joëlle, une amoureuse des mots pleine d'énergie et surtout super efficace, s'est donc jointe à la grande famille de Léon. Elle s'occupe entre autres des entrevues pour les Métiers Super Cool, et elle fait de la recherche et de la rédaction pour différentes chroniques.

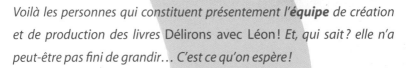

Voilà les personnes qui constituent présentement l'**équipe** de création et de production des livres Délirons avec Léon ! Et, qui sait ? elle n'a peut-être pas fini de grandir… C'est ce qu'on espère !

TERRAIN DE JEUX

solutions à la page 84

Trouvez l'ombre qui correspond à Léon, déguisé en astronaute...

Reliez les points!

Attention, il y a trois sections à compléter.
Elles sont identifiées par des couleurs différentes.

*Un petit conseil : si vous tracez des lignes légèrement courbes, le résultat final sera plus beau.

AU SECOURS !

Léon est perdu en plein milieu de la forêt !

En suivant les indications ci-dessous à la lettre, et en les rapportant sur la grille de droite, vous permettrez à Léon d'accéder à une sortie. Il y en a quatre, la A, la B, la C et la D. À vous de trouver quelle est la bonne !

Attention, les indications doivent être suivies dans l'ordre, et toutes les directions sont acceptées.

1. 5 X 5

2. Rouge + jaune

3. 13e lettre de l'alphabet

4. Je n'ai qu'un angle droit

5. Le symbole de l'amour

6. Couleur citron

7. Multiple de 7

8. Numéro de la boule noire au billard

La bonne sortie est donc la : _____

CHIFFRE MYSTÈRE

2	6	1	8	2	4
3	0	6	2	5	0
1	2	0	6	8	8
9	1	7	0	4	6
9	2	0	1	0	9
3	7	7	4	4	1

À LA MANIÈRE D'UN MOT MYSTÈRE, DONC DANS TOUS LES SENS, TROUVEZ LES CHIFFRES CACHÉS À L'AIDE DES QUESTIONS CI-DESSOUS. EN ADDITIONNANT LES TROIS NOMBRES QUI RESTERONT À LA FIN, VOUS OBTIENDREZ LA SOLUTION*.

*Indice : ce chiffre, en plus d'être malchanceux, est aussi celui du prochain numéro de *DÉLIRONS AVEC LÉON !*, **édition spéciale**... à surveiller !

SOLUTION : _____

1. À quel âge devient-on majeur ?

2. $22 \div 2 =$

3. Nombre de pages dans ce livre

4. Si Léon a besoin de verres de contact qu'il changera mensuellement, combien doit-il en commander pour en avoir pendant trois ans ?

5. Année du troisième millénaire

6. Nombre associé au diable

7. Le nombre juste avant 100

8. Complétez cette suite logique : 11, 22, 33, 44, 55, 66, _ _

9. Quelle est la date de la veille de Noël ?

10. En quelle année Bill est-il né, si aujourd'hui, en 2008, il a 40 ans ?

11. $40 + 4 =$

12. Âge d'Annie Groovie en 2007 (la réponse se trouve dans le livre)

13. Il y a 100 moutons dans un champ. Quatre se sauvent, et un loup mange la moitié de ceux qui restent, moins deux. Combien de moutons ont survécu à cette mésaventure?

14. Combien y a-t-il d'œufs dans 10 douzaines ?

15. En quelle année auront lieu les Jeux olympiques de Vancouver ?

16. Quelle est la valeur du billet de banque qui vient juste après le 20$?

66

LÉON ET SES AMIS DOIVENT SE RENDRE SÉPARÉMENT AU PARTY. AIDEZ-LES À Y PARVENIR POUR QU'ILS PUISSENT S'ÉCLATER!

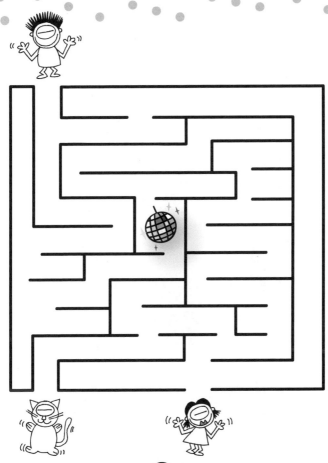

ASSOCIEZ LES MONUMENTS À LEUR EMPLACEMENT

1. Égypte
Les trois pyramides de Gizeh

2. Grèce
Le Parthénon

4. Italie
La tour de Pise

3. Angleterre
Big Ben

5. Canada
Le Stade olympique

7. Inde
Le Taj Mahal

6. Mexique
Le temple de Kukulkan

8. France
La tour Eiffel

9. Italie
Le Colisée

10. Brésil
La statue du Christ rédempteur

a)

b)

c)

d)

e)

f)

h)

g)

i)

j)

1.__ 2.__ 3.__ 4.__ 5.__ 6.__ 7.__ 8.__ 9.__ 10.__

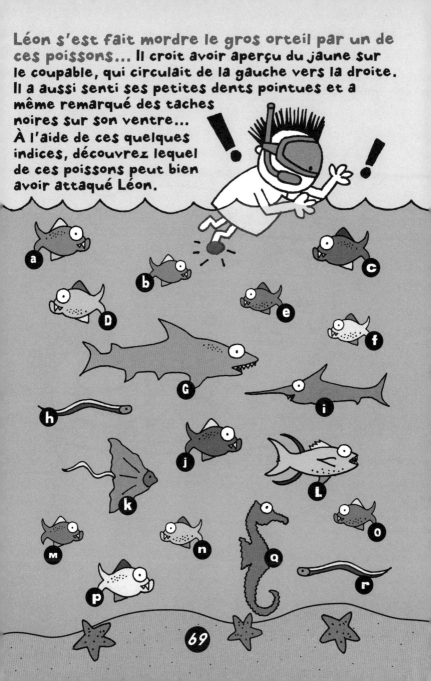

AYEZ L'AIR INTELLIGENTS
en discutant d'ornithologie !

Parce que, en plus des avions, des extraterrestres et de Superman, il y a tellement de belles créatures qui volent dans les airs !

L'ornithologue en herbe

Vous êtes des amateurs de plumes, et vous adorez vous promener la tête en l'air et les yeux grand ouverts? Pourquoi ne pas approfondir votre connaissance des oiseaux en vous munissant d'un bon guide d'observation et d'une paire de jumelles ? En attendant, voici quelques beaux spécimens ailés que vous pourriez très bien remarquer dans votre voisinage.

Attention, ça vole près de chez vous !

Cardinal rouge : à deux, c'est mieux !

Non, non, ce ne sont pas des perroquets!
Le mâle ne passe pas inaperçu avec son plumage rouge vif. Il a un bec rouge, un masque noir et une jolie huppe couleur de feu.
La femelle a toute une allure, elle aussi, même si son plumage, dans les teintes de brun, est moins flamboyant que celui de son compagnon. Son bec, sa huppe et sa queue rougeâtres sont assortis à ceux de son chéri!

Vous pouvez apercevoir des cardinaux toute l'année dans le sud du Québec. Ils aiment beaucoup les jardins et les parcs situés dans les villes, mais rien ne leur convient mieux que l'orée d'un bois.

Gros-bec errant : un jaune flamboyant !

Le mâle arbore une belle couleur jaune doré sur une bonne partie de son corps. Sa tête, sa nuque et une partie de son dos sont bruns. On dirait qu'une ligne de crayon jaune encadre son œil ; enfin, on observe du noir et du blanc sur ses ailes et sa queue.
La femelle, moins éclatante, est tout aussi jolie !

Cet oiseau, comme son nom l'indique, aime bien errer au gré de ses humeurs. En été, vous pourriez l'apercevoir au cours de vos promenades en forêt. Durant l'hiver, vous le verrez peut-être dans les parcs et les endroits tranquilles… ou perché au bord d'une mangeoire, en train de refaire le plein d'énergie !

Pic mineur : toc, toc, toc, qui est là ?

Il a l'habitude de tambouriner sur l'écorce des arbres pour signaler sa présence.
Le mâle se différencie de **la femelle** par la tache rouge qui se trouve derrière sa tête. Tous deux ont le dos noir et les ailes tachetées de blanc. Leur bec est plutôt court, et leur queue, noire.

Un peu timide, le pic mineur se sauve lorsqu'il a peur. Observez-le sans faire de bruit lorsque vous le repérerez dans la forêt, dans un bosquet ou dans un parc, en ville.

Source et images : *Les oiseaux familiers du Québec,* Suzanne Brûlotte, Ottawa, Éditions Broquet, collection Familles d'oiseaux, 2001, 144 p.

CODE SEC RET

TROUVEZ LE CODE SECRET ET VOUS POURREZ ACCÉDER AU JEU 12 SUR LE SITE WWW.CYBERLEON.CA

Si ça ne fonctionne pas, malheureusement, vous devrez trouver par vous-mêmes où vous auriez pu faire une erreur, car on ne vous donne pas la soluti

En repérant les premières
lettres de chacun des mots
de la page suivante (de gauche
à droite), vous découvrirez
un code secret...

Bonne chance !

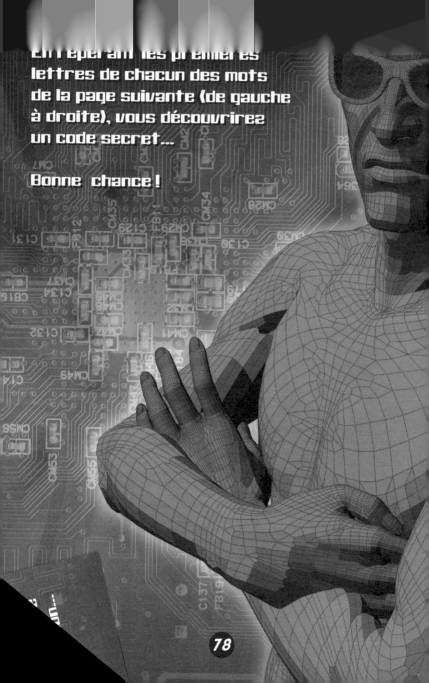

Indices du code...

NARGUER • ESPÉRER • RÊVER
ATTRAPER • TAMBOURINER
ENDORMIR • ZIGZAGUER • PLANER
AVENTURER • SIFFLOTER • LIRE
EXPRIMER • SAISIR • USURPER
PAVANER • EXCLAMER • RIRE
NARGUER • UNIR • MATURER
ÉTONNER • RELEVER • OUÏR
SYNCHRONISER • PIVOTER
ÉQUILIBRER • COUVRIR • INVITER
ABRÉGER • LIBÉRER • TENIR
RICANER • EMBUER • IMPROVISER
ZOZOTER • EMBELLIR

Code secret

Il ne vous reste plus qu'à entrer* ce code secret sur le site WWW.CYBERUSON.CA dans les sections «Bonbons» et «Jeux».

* Attention à bien entrer tous les caractères en majuscule, sans mettre d'espace ni d'accent.

80

ANNIE GROOVIE
À VOTRE ÉCOLE

cool!

EH OUI, ANNIE GROOVIE FAIT DES TOURNÉES DANS LES ÉCOLES !
VOUS TROUVEREZ TOUTE L'INFORMATION SUR LE SITE INTERNET
WWW.CYBERLEON.CA.

À BIENTÔT PEUT-ÊTRE !

Annie Groovie voit le jour le 11 avril 1970, à 19 h 15, en plein souper de cabane à sucre. Elle grandit heureuse et comblée à Québec. Très tôt, elle développe un goût profond pour la création (et pour les sucreries...). Dès l'âge de huit ans, elle remporte son premier concours de dessin, grâce à son originalité.

Photo : Dominique Malaterre

Annie est diplômée en arts plastiques et bachelière en communications graphiques. Elle exerce le métier de conceptrice publicitaire depuis plusieurs années à Montréal, où elle habite depuis 1994 (eh oui, elle vieillit...).

Annie est une grande adepte de la gymnastique ainsi qu'une mordue de cirque et d'acrobaties de toutes sortes. En 1997, elle est sélectionnée par le Cirque du monde et part trois mois au Chili pour enseigner les arts du cirque aux enfants de la rue.

En 2003, Annie Groovie se découvre une toute nouvelle passion : la création de livres pour enfants. Aujourd'hui, les albums consacrés à son personnage de Léon « roulent » à merveille. Elle a un projet de dessins animés en production, et vous tenez présentement le douzième numéro d'une série de livres tout à fait délirants !

SOLUTIONS

p.64-65 D

P.69 Poisson L

p. 67 E

p.66
1. 18
2. 11
3. 88
4. 36
5. 2000
6. 666
7. 99
8. 77
9. 24
10. 1968
11. 44
12. 37
13. 54
14. 120
15. 2010
16. 50

Solution: 2 + 7 + 4 = 13

p.68
1. f
2. b
3. i
4. j
5. a
6. e
7. d
8. h
9. c
10. g

P.51-52 1.b 2.b 3.a 4.a
5.b 6.c 7.b 8.c 9.a 10.a

p.34
1. Un verre d'eau (un verre d'os)
2. Du béton («B» taon)
3. De l'essence («S» ance)
4. Une autruche (une haute ruche)
5. Un peu de répit (un «RE» pis)
6. Un pompier (un pont pied)
7. L'oiseau (loi seau)

p.49-50
1. vrai 2. faux 3. faux
4. vrai 5. vrai 6. vrai
7. faux 8. vrai

p. 67

84

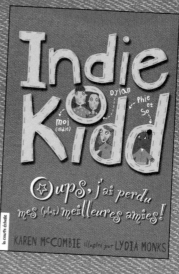

As-tu lu toutes les aventures d'Indie Kidd?

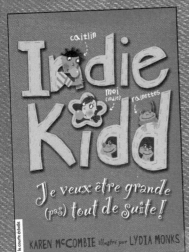

LÉON A MAINTENANT

1

Léon et les expressions

Léon et les superstitions

RIGOLONS AVEC LÉON !

Léon et les bonnes manières

Léon et l'environnement

DEUX COLLECTIONS !

DÉLIRONS AVEC LÉON ! ②

Les éditions de la courte échelle inc.
5243, boul. Saint-Laurent
Montréal (Québec) H2T 1S4
www.courteechelle.com

Conception, direction artistique et illustrations : Annie Groovie
Coordination : Amélie Couture-Telmosse
Collaboration au contenu : Amélie Couture-Telmosse, Joëlle Hébert et Philippe Daigle
Collaboration au design et aux illustrations : Émilie Beaudoin
Révision : André Lambert et Valérie Quintal
Infographie : Nathalie Thomas
Muse : Franck Blaess

Une idée originale d'Annie Groovie

Dépôt légal, 2e trimestre 2008
Bibliothèque nationale du Québec

La courte échelle reconnaît l'aide financière du gouvernement du Canada par l'entremise du
Programme d'aide au développement de l'industrie de l'édition pour ses activités d'édition.
La courte échelle est aussi inscrite au programme de subvention globale du Conseil des Arts
du Canada et reçoit l'appui du gouvernement du Québec par l'intermédiaire de la SODEC.

La courte échelle bénéficie également du Programme de crédit d'impôt pour l'édition
de livres — Gestion SODEC — du gouvernement du Québec.

**Catalogage avant publication de Bibliothèque et Archives nationales du Québec et
Bibliothèque et Archives Canada**

Groovie, Annie

     Délirons avec Léon !

     Sommaire : no 12. Des trucs vraiment incroyables.
     Pour enfants de 8 ans et plus.

     ISBN 978-2-89651-037-5

1. Jeux intellectuels - Ouvrages pour la jeunesse. 2. Jeux-devinettes - Ouvrages pour la jeunesse.
3. Devinettes et énigmes pour la jeunesse. I. Titre.

GV1493.G76 2007   j793.73   C2006-942113-7

Imprimé en Malaisie